स्वर्ग की सेना

PRIDE OF DEATH

सुमीत कुमार

Enter Caption

सुमीत कुमार, एक वयस्क जो जीवन के कई चरणों का अनुभव करता है, एक प्रसिद्ध लेखक और नए युग के लेखक हैं। वास्तव में वह एक लेखक होने के साथ-साथ गायक, कवि, शायर, उद्धरण लेखक, गीत लेखक और एक कलाकार भी हैं। एंकर या स्टैंडअप कॉमेडियन। उनके बारे में बहुत ही रोचक और दिलचस्प तथ्य यह है कि वे नए युग के लेखक हैं यानी उन्होंने अपने लेखन की यात्रा उस उम्र में शुरू की जब वह अध्ययन करने के लिए स्कूलों जा रहे थे। उनकी 100 पुस्तकों की स्ट्रीक महान होगी भविष्य में उनके लिए उपलब्धि, उनकी कुछ प्रसिद्ध रचनाएँ यानी प्रेम की परिपक्वता (शैली _प्रेम) स्वप्न की

गोपनीयता (शैली-मध्य वर्ग की जीवन शैली)।

आप नोटियन प्रेस, अबे बुक्स, इम्युजिक इन, फ्लिपकार्ट, एमेजॉन, किंडल, इंस्टेंट रीड लाइक ईबुक, किंडल, गूगल, इंटरनेशनल साइट्स और कई अन्य से भी उनकी किताब खरीद सकते हैं। स्पॉटिफ़ पर पॉडकास्ट: @ ब्रोकन हार्ट इंस्टा आईडी: बुकहब92 जीमेल: सुमितकुमार 88234 लिंक्डइन: सुमीत कुमार .

क्रम-सूची

प्रस्तावना

Enter Caption

कुछ रास्ते मुश्किल होते हैं पर इस्का मतलब ये नहीं की हम उन पर चलना छोड़ दे, क्या पता? फिर क्या जकार हमारी मंजिल हमसे बहुत ज्यादा है और हम उस वक्त ये सोच रहे थे छोड़ देते हैं की आगे सयाद हमारे लिए कुछ बक्की ही नहीं तो मुशफिर की तरह अब उन कभी जाने के यह शक्ति है पर उसे खरिदने के लिए ये हैं दुनिया की सबसे महत्वपूर्ण चीज वो महनत है, और परिश्रम के बीना किशी की भी जिंदगी आशा नहीं होती, प्रति जरा उसकेअंदर झाक कर उसकी किस्मत की लिखवाट भी तो देखी जाए की अखिर वह कैसी दिखती है......

भूमिका

Enter Caption

सुमीत कुमार, एक वयस्क जो जीवन के कई चरणों का अनुभव करता है, एक प्रसिद्ध लेखक और नए युग के लेखक हैं। वास्तव में वह एक लेखक होने के साथ-साथ गायक, कवि, शायर, उद्धरण लेखक, गीत लेखक और एक कलाकार भी हैं। एंकर या स्टैंडअप कॉमेडियन। उनके बारे में बहुत ही रोचक और दिलचस्प तथ्य यह है कि वे नए युग के लेखक हैं यानी उन्होंने अपने लेखन की यात्रा उस उम्र में शुरू की जब वह अध्ययन करने के लिए स्कूलों जा रहे थे। उनकी 100 पुस्तकों की स्ट्रीक महान होगी भविष्य में उनके लिए उपलब्धि, उनकी कुछ प्रसिद्ध रचनाएँ यानी प्रेम की परिपक्वता (शैली _प्रेम) स्वप्न की गोपनीयता (शैली-मध्य वर्ग की जीवन शैली)।

आप नोटियन प्रेस, अबे बुक्स, इम्युजिक इन, फ्लिपकार्ट, एमेजॉन, किंडल, इंस्टैंट रीड लाइक ईबुक, किंडल, गूगल, इंटरनेशनल साइट्स और कई अन्य से भी उनकी किताब खरीद सकते हैं। स्पॉटिफ़ पर पॉडकास्ट: @ ब्रोकन हार्ट इंस्टा आईडी: बुकहब92 जीमेल: सुमितकुमार 88234 लिंक्डइन: सुमीत कुमार .

पावती (स्वीकृति)

Enter Caption

सुमीत कुमार, एक वयस्क जो जीवन के कई चरणों का अनुभव करता है, एक प्रसिद्ध लेखक और नए युग के लेखक हैं। वास्तव में वह एक लेखक होने के साथ-साथ गायक, कवि, शायर, उद्धरण लेखक, गीत लेखक और एक कलाकार भी हैं। एंकर या स्टैंडअप कॉमेडियन। उनके बारे में बहुत ही रोचक और दिलचस्प तथ्य यह है कि वे नए युग के लेखक हैं यानी उन्होंने अपने लेखन की यात्रा उस उम्र में शुरू की जब वह अध्ययन करने के लिए स्कूलों जा रहे थे। उनकी 100 पुस्तकों की स्ट्रीक महान होगी भविष्य में उनके लिए उपलब्धि, उनकी कुछ प्रसिद्ध रचनाएँ यानी प्रेम की परिपक्वता (शैली _प्रेम) स्वप्न की गोपनीयता (शैली-मध्य वर्ग की जीवन शैली)।

आप नोटियन प्रेस, अबे बुक्स, इम्युजिक इन, फ्लिपकार्ट, एमेजॉन, किंडल, इंस्टेंट रीड लाइक ईबुक, किंडल, गूगल, इंटरनेशनल साइट्स और कई अन्य से भी उनकी किताब खरीद सकते हैं। स्पॉटिफ़ पर पॉडकास्टः @ ब्रोकन हार्ट इंस्टा आईडीः बुकहब92 जीमेलः सुमितकुमार 88234 लिंक्डइनः सुमीत कुमार .

1

बिंदु की सच्चाई

Enter Caption

कहते हैं दुनिया में कुछ बातें , विज्ञान से परे होती है, हम फिर भी उन पर भरोसा करते हैं, मेरे कहने का मतलब है उन बातों पर भरोसा करते हैं, उसी तरह ऐश केई सारे भावनाओं में भी छू हमारे अंदर हैं। हमें मलूम है की वो हम बरबाद कर शक्ति है, हम फिर भी उन्हे खुद से ज्यादा कहने की गुस्ताकी कर बैठे थे, ये पूरी जिंदगी एक आकार तब लगने लगी है जब हम खुद को साथ, भविष्य, भूतकल, ये सब एक माया है दुनिया के, क्योंकि इनके रसिहते भी कुछ इसी तरह बनते हैं, जिसे दोहरे नहीं जा

सकते, हर कोई दुनिया में नसीबवाला नहीं होता और कोई होता है में ये बातें कहीं कह रहा हूं, क्योंकि ईश छोटी शि उमर मैंने पूरी दुनिया देह ली है, इसके रिश्ते देखे हैं, के बारबाडिय़ों से भी लडा हूं, खुद को महरोम किया है तब जाकर क्या किया है अपनाः है, ये जीवन मातृ एक उम्मेद है जो कभी अधूरी रहती है तो कभी पूरी होकर भी इसकी तालाब कुछ खास नहीं होती, हर सफर में बात होती है जिसकी फिदरत सिरफ एक मुशफिर ही जान शकता है उन क्यों, क्यों? वो कैसा भी क्यों ना हो, हर एक इंसान ईश दुनिया में अपने बहुत से बुरा है, और उस समय के बदले उसे अपने भविष्य की बात भी भूतकाल में मिटाने की सजीश की है, समय कभी साफ में ही इनकी पहचान होती है, जब हम आने में खुद को निहारते हैं तो हम दुनिया की वो बातें साफ दिखी देती है जो हम कभी खुद से देख नहीं सकते हैं तो हम अगर वहां आया हूं तो वहां दोबारा लौट जाएंगे ,किशी साक्षी ने कुछ अल्फाज़ो की तालीम को मुझसे ईश कदर जोदने की गुस्ताकी की है की में उन सबो को संभल नहीं पा रहा आज भी इशलिये उन्हे कहना चाहता हूं.

"

ना तेरी
महफिल में
आयेगा
ना ही तुझे
अपनी दुनिया
बनायगे
प्रति जिश
शोर
तुन्ने पलट
कर देखा
ना हम
उशी

सुमीत कुमार

शोर
अपनी कबर
सजयगे
"

ही कहते हैं लाइफ में किशी की फिलॉसफी तबी कम बहुत है जब हम उसे समझने की कोशिश करते हैं, क्यों ये बातें ना तो हमें स्कूल की किताबों में मिलती है और ना ही कॉलेज की दिवारो में बचपन से यहां तक ले जाती है है की मर्द ही कभी रोना, कभी कमजूर मत होना, तुम्हारे अपना घर सम्भलना है, अपने मां को देखना, अपने भोंनो की शादी करनी है, एक अच्छी से जॉब और फिर सद्दी भी तो क्या करना है ? तुम सावल नहीं है? क्योंकि अगर मैंने ईश थोड़ी शि भी हवा दी तो हमारी जिंदगी लोग कहीं तबह कर देंगे की हम न कहते हुए भी खुद को महरूम समाधान लगेंगे, कहते हैं समानता ईश देश में हर लड़की को मिलती आज है, तो मैं कहां हूं, और लड़की क्यों ज़्यदा होती है, और रही बात शिक्षा प्रणाली, बेटी बचाओ और बेटी पढो के इतने सारे लगे है की बेटी की अहमयत ही उस आगन सेह गयाब हो चुकी है, मैं किशी को गलत नहीं सही में सेह किशी को तकलीफ देना चाहता हूं, प्रति ईश देश का में भी एक नागरिक हूं, और मुझे भी ये हक है की में इन सवलो की कफस से खुद को आजाद करू? लाइफ में बचपन से स्कूल सेह कॉलेज तक, और हमारी सोसाइटी बैश हम यही सिखती है की लड़कियों की इज्जत करो, उन्हे उम्र बढ़ो, अपनी बहनो की रक्षा करो? पर क्या किशी ने ये बोला है की लड़की को अपने भाईयों की रक्षा करो, उन्हे संभालो, घर की परेशनिया सिरफ उसी की नहीं अब तुम्हारी भी है, तुम हमारी बेटी नहीं हो, तुम हमारी पहचान हो,

सयाद अब में कहने वाला हूं ये बातें किशी को बर भी लग सकती है,

और ज़्यदातार स्त्री समाज को, पीर अखिर कर ये सचाई है तो में खुद को रौक भी नहीं सकता, मैं मानता हूं की लड़कियों की उतनी आजादी नहीं मिल्टी, केई जुर्म है उन जाने भी जाते हैं उनके खुद के परिवार से चीन ले जाते हैं, पर क्या हमारे साथ आयशा नहीं होता, अगर घर की बेटी

9 बजे के बाद घर में ही रहती हैं, तो क्या लड़के नहीं रहते, आज के जो होते हैं, जो की जो हो जाता है, मैं काट देता हूं केई बार देखी है, की लड़की के जो कट ऑफ होते हैं वो लड़कियों से ज्यादा ज्यादा होते हैं, और ऊपर सेह जाति, धर्म, और भी इतनी सारी चीज है की अगर में एक लिखना पर कहीं तो मैं कहता हूं ईश समाज को मंजूर ना हो, ईश समाज ने मर्दों को मजबूर करने की जग इतना कमजूर कर दिया है की हम कभी आगे बढ़ ही नहीं सकता, सबको तो यही लगता है कि वो मर्द है खुद को बचा लिया है। ,क्योंकि उनपर हर दिन जुल्म होते हैं, अगर किशी के सपने टूटते हैं तो ज उस वक्त वो किशी के जेंडर को नहीं देखते, न ही उनसे पुच कर ये हदसे दोहराए जाते हैं, फिर किशे कसूरबार थे हम ईश समाज को ये अपने खुद के रिश्ते को जिनसे हम जुड़े हैं।

ईश दुनिया में हैप्पी वुमेन्स डे तो हर साल बनाए जाते हैं, पर हैप्पी मेन्स डे आजतक न कभी सुना है और न ही कभी देखा है, जहां सपनों की उम्मीद होनी चाहिए वह प्रेशर और डिप्रेशन के बड़े बैग होते हैं, अगर महाभारत में द्रौपदी जितने दर्द सहे तो उतने ही दर्द पंडवो ने भी सहे हैं, क्योंकि उस सभा में सिरफ उनकी इज्जत लूटने की कोशिश नहीं की गई थी, वह पांडव भी थे जो उस सब में लजित हुए थे सची हो भी ये युद्ध खतम हो सकता था, वह पर उस सब में हर किशी मौत उसी वक्त तय हो गई थी, पर उन्हो इश कदम को क्यों नहीं उठा? जजत नहीं होती? ईश समाज की सबसे कठौर सच्चा ये है की हम मानव जाति को पीछे करने की कोशिश कर रहे हैं, धर्मों के नाम, जाति के नाम, लिंग के नाम पर और की सारी ऐसी ही चीज है जो बाद में कुछ नहीं गया लोग खुद को बदलते गए, पर क्या ये बदला सही है? क्या आजकल जो लोग है ये उनके जैसे विचार है क्या वो सही है? एक इंसान की किमत ये तो उसके पैसे से होती है ये उसे वहां आप देख लो, जब मानव जाति ने ईश पृथ्वी पर जन्म लिया था तब ये खैरत उस खामोशी ही कभी नहीं था एक को चुना हो तो में सबसे पहले अपने अतीत को चुनुगा और इसके पीछे भी एक वजाह है, और वो वजाह ये की हमर दुनिया पहले आइश बिलकु नहीं थी, क्योंकि मैंने जितनी भी है है, उसकी परकाही सिरफ एक ही सच्चा दीखाती है और वो सचाई आज दुनिया से बहुत अलग है, और बहुत बदल भी बदल भी

गई है, क्योंकि ना तो पहले मानव जाति के उनमें बटवारे हुए थे, और ना ही मर एक और और फिर आज आइशी कौन तखय्युल में लोग जी रहे हैं मानव जाति में एक मर्द और औरत दो अलग जाति है,काफ़ी वक्त पेहले एक कहानी पढी थी वो भी भागबान शिव और मा पार्वती के बारे, जिशे अर्धनारिसिंहवार के नाम से हम से के लोग जाने होंगे, और उसकी सचाई ये एक मर्दा बनने के लिए ही जरूरी नहीं है, बाल्की उसे जगा उनके बंदूक भी आप में मिलनी चाये तब भी हम पुरुषों को मर्द मन सकते हैं और उसे तराह एक पूर्ण स्त्री के लिए मर्द के बंदूक भी उसमे होने तब भी समाज में और मां पार्वती ने अर्धनारिवार का रूप धारण किया था तो वो उस वक्त अधूरा नहीं पूरे थे, भले ही उनके सारे दो भाग में बात चुके थे, प्रति उनकी आत्मा उस वक्त से लेकर आजतक ही। अगर लड़की बढ़ती है तो बढ़ने दो ना, उनको किसने रोका है, पर क्या लड़कों की कोई पता नहीं होता है हम ही क्यों संभाले बचपन की उस उम्मीद को हमारे खुशियों की हर एक इसे बडारे को एक तोद और और कभी खुद के कदमो पर खड़े होने की कोशिश भी ना करे, मियां ये नहीं रहा की अगर ये समाज लड़कों की मदत करता है तो उनके विचार अलग है, ये उनके विचार गलत है स्नातक, क्यूनी अंतर तो ये कभी नहीं, क्योंकि वही नौकरियां उपलब्ध हैं ही कहा है ईश समाज में उन्हे देने के लिए फिर अगर वक्त के साथ उन वो नौकरियां अगर न मिले तो पहले घर वालो के तने, फिर समाज वालो के, और फिर खुद भी हम रूह छोटी, भती गंगा में हाथ धोने के लिए वो भी हमारे अंदर से एक दो ताने मुफ्त में दे ही देता है,

> *"जब सपने तोड़े*
> *जाते हैं तो लिंग*
> *देख कर*
> *नहीं तोड़े जाते ...."*

प्रति जिन तानो की बात हम कर रहे हैं क्या इसे हमने बनाया है, अगर हमने नहीं बनाया तो किसने बनाया है? हमने तो पूरी शिद्दत से अपनी पढाई पूरी की, मा बाप के सपनों को पूरा की४या, एक मेरिट रेखा

के लिए भी उतने ही चार साल मेहंदी की, वो भी के दिन भुके नहीं रह कर, फिर भी हम बेरोज क्या ये हमर गल्ती है? यू उश समाज की? ये उन सरकारी नीतियों की जिन्होन वोट मांगे के लिए हम से जुड़े हुए तो कभी उन पर कभी नहीं, एक वक्त के बाद सूरज की किरने भी गयाब हो जाति उशी तराह, राजनेती भी उन हम कदमो पर हम चलते हैं मेरे कहने का मतलब वो सिरफ खुद के लिए ही चली है, खैर ये तो विशाय है ही नहीं क्योंकि इसे भी के सारे ऐश विषय है जिन्के बारे में, अभी मैंने कुछ जहां तक ही नहीं, बचपन के लिए बाश एक छोटी शि बात सिखी है, की किशी को खुद से ज्यादा कभी पहली, मत दो, वर्ण वो तुम्हें कभी अपनी पहली पहलीकाता नहीं मानेगा, और मैंने इन बातों को सिरफ महसूश ही, जो भी उन में है हर सची से वक्फ है फिर भी खामोश रहती है, क्योंकि अगर अल्फाज निकले तो फिर लोग कहने लगे गे की मर्द कभी रोते, मुझे तो आज तक ये बात पता ही नहीं चली की इतनी मर्दी में है की इतनी मर्दी में फिर लोग समाज वले और बक्की दो किसी के लिए यह कहता है कि मर्द कभी रोते नहीं, क्या कभी किशी ने ये देखा की जब किश लड़के के सपने टूट ते है तो उस वक्त उसे खामोशी काशी होती है, ये जब उसमें कोई मोहब्बत बा छोडना हिस्सा है तो क्या उस वक्त जो खामोशी उसके पास रहता है क्या कभी उसे किशी ने महसूश किया है? हर बड़ी बात सेह कर और सबसे नजर चुरा कर अकेले कोन में बैठाकर जब वो अपने परिवार किशी ने उसकी सोच की इल्म पढने की कोशिश की है?

"

की अजीब

खैरात में

कुछ लिख

रहा हुन

शायद सहि

होकर भी आज

खुद को

गलत केह रह

हुन
जिन मोहब्बत
हुई है
आज उनके
पीछे ही
अपने गम सेह
रहा
हुन
और इत्तेफाक
सेह उन्हे
सब के आस्युन
दिखते तो है
प्रति
में ही
उन्की नजरोनो
में घूम सा हुं।"

2

इच्छा की चुप्पी

Enter Caption

1998, लखनऊ

सितम्बर : 12/02/1998

अखिल शेखर आज़ादी कहते हैं एक इंसान की पहचान उसके काम से ज्यादा होती है, पर मेरे उससे में मेरे नाम की पहचान मेरे काम से ज्यादा

है, वो भी सिरफ मेरे उनसे में नहीं बाल्की यहां जो भी मुझसे जुड़े हैं, वे भी हैं। ये वही है तो पूरी कौम को खुद के साथ शम्मिल कर देता है वो गलत हो ये सही उसे कोई फ़र्क नहीं भाग क्योंकि आखिर कर इंसानियत इसे ही तो कहते हैं, इंसानियत की दोर कभी कभी ये नहीं कहते मुझे कभी पता की कोशिश कार्ति है पर हवानियात हमश उन्हीं रिश्तों को अपनी है जिनसे हम डर रहने की कोशिश करते हैं, खैर ये तो बातें ही है कोई ख्वाब नहीं और न ही कोई क्या है की तब सबदो में भी कहीं न कभी मेरी पूरी कहानी शम्मिल है, वैसा मैंने खुद के बारे में तो बताया ही नहीं, मैं अखिल शेखर आजाद (उर्फ ज्ञान) अपने घर का एकलौता तो नहीं पर इतनाा के लिए मुजमीन बस्ती है मैंने सुर्यत में ही ये बात साफ कहीं है की मेरे नाम की पहचान ही इतनी बड़ी है की मुझे कोई काम करने की जरूरत है, मतलाब जिश नाम पर मुझे इतना नाज है और गमंद है नहीं है, क्योंकि ईश नाम की ताली, मेरे दादाजी कमल शेखर आजाद ने दी है, जो की पेश से ही एक स्वतंत्रता सेनानी थे, प्रति सिरफ देश को आजाद करने के लिए, बाल्की सब को रखने के लिए मेरे सोच काफ़ी अलग थी अपने बचपन में ही ऐसी क्रांति देखी है जिसकी वजह उनकी सोच बाकी है अलग है, दादाजी का ये मन था की एक परिवार की पहचान तबी होती है जब हमें एक परिवार की पहचान होती है। और एक साथ ही अपनी जिंदगी जीने की कोषिश भी, मेरे दादाजी ये भी कहते थे की अगर वक्त और हलत बुरे है तो उस वक्त हम एक आशा जिंदगी जीने की कोशिश कर सकते हैं पर अगर हम तारा बन जाए जो हर वक्त बदलते रहते हैं तो हमारी जिंदगी उस वक्त कथिन हो जाति, मेरे जन्म के एक साल बाद ही दादाजी चल बसे, और जब उनकी मौत हुई तब में उस वक्त सयाद मेरी उमर एक साल से काम होगी, मातलब जिश है है वो नाम बहुत पहले ही मेरे उनसे दूर कहीं ऐसा ही जहां पर गम हो चुका था जिसे में धुंड कर भी कभी अपने ही में वापस लेन की कोशिश नहीं कर सकता था, कहने के तो हमारा परिवार...

प्रति उनके आप में कभी एक दसरे से बनती ही नहीं है, क्योंकि दादाजी के चले जाने के बाद हमारे घर में जिने में कुछ सबदो में हूं, सब कुछ ही नहीं कर सकता हूं मैंने कभी के लिए दूर लेकर जा रही इशलिये

न कहते हैं मुझे वो बातें कहने होंगी, जब दादा जी मौत हुई तो आजाद परिवार पूरी तरह से बिखर चूका था वो भी उन में भी हम जिन्हे आज भी हैं परिवार को कभी भी किशी उपनाम से नहीं पुकारते थे क्योंकि उनके ये मन अथा का हमारा पुरा परिवार अपने देश की तरह जिशे हम भारत कहते हैं, और उनकी सोच कहीं न कहीं सही है क्योंकि लोग जानते हैं थे और रही बात मेरे परिवार की तो उनकी भी सोच उस वक्त कुछ ऐसे ही और सयाद कफी हद तक सही भी थी। वो कहते हैं ना जिन रिश्तों की सिफरिश उश खुदा सेह होती है अगर वो गलत सेह कहीं टूट जाए ना तो सयाद वो पहले जैश जद्द कर भी पहले जैश बिलकुल नहीं रहती, रिश्तो अगर की तो क्यों बचपन में जो नादानी हम खेल में कर बैठा ते है वही आगे जकार हमारे लिए एक आकार बैंकर सामने आता है, अगर कोई फुरकत है तो उसे उशी वक्त मीता लो ना, भविष्य की चिंता जो कभी भी करता है जी ही नहीं पाते, प्रति दादा जी की जाने के बाद आयशा क्या हुआ आजाद परिवार में जिसी वजाह सेह के लोग न कहते हुए भी एक दसरे से अलग हो गए। इस से पहले की में के राज खोल दूं, में कुछ कहना चैट हूं, जो में महानुश करता हूं और जो मैंने देखा है, मैंने कभी नहीं सोचा था कि बचपन से जो बातें दादा जी मुझे सिखते बड़ा था, सयाद मैं अपनी जिंदगी सिर्फ जीना नहीं चाहता हूं, उसके जग उसके हर पल को महसूश करना चाहता हूं, मैं भले ही पाने दादा जी बहुत प्यार करता हूं, पर मैं कभी नहीं उनके जैसा हूं। न जोश के लिए जीना चाहता हूं, मैं खुद के लिए जीना चाहता हूं, एक आजाद पांची की तरह उन हवाओ को चुना चाहता हूं और हर रोज उन किरनो से पर होना चाहता हूं, पर यहां कोई कहता हूं वो हमारी बात कभी नहीं बन सकती, मैं भले ही एक अमीर परिवार से संबंधित हूं कर्ता हूं, और मेरे पास वो हर चीज जो एक इंसान को कहीं सदियो तक जिंदा रख सकती है, सयाद मैंने कुछ गलत कहा है,सदिया नहीं केई सालो तक जिंदा रख शक्ति, पर "जिंदगी जितनी छोटी हो लम्हे उतने ही हसीन होते हैं" मैंने कभी ये नहीं सोचा था कि बचपन की राहे जब एन हाथ से चुतगी तो मेरे हाथ भी किशी वीरन मंजिल की खविशा करने लगेंगे। मैं ये बातें क्यों कह रहा हूं? और एन बातें क्या मतलब है? वो सब बातें है, हर सबसे पहले सुररात मुझे उस दिन से करनी है जब मैंने

पहली बार "फ्रीडम फाइटर अकादमी" में शामिल हों किया था वो भी मेरे कहने पर नहीं, दादाजी की कभी कभी आपके पास कभी होगा होगी और मैंने ही कहा की मेरे दादा जी की मौत मेरे जन्म के एक साल बाद ही हो गई थी तो क्या मैंने जन्म लेते ही उस अकादमी को ज्वाइन कर लिए। मैंने तो बिल्कुल भी नहीं, इसके पीछे भी के राज जो मेरे परिवार ने मुझसे छुपाए हैं, दादा जी जब अपनी आखिरी सासियों ले रहे थे तब उन लोगों ने ये कहा था कि मुझे एक एक वादा किया था जो बातें दादाजी जिनसे कर रहे हैं वो मेरे मॉम और डैड हैं जिन्के नाम सूर्य शेखर आजाद और अर्पिता शेखर आजाद दादा जी ने अपने आखिरी वक्त मेरे मॉम और डैड से ये कहा था कि मैं वादा करता हूं मेरे लिए सैनिक बनाएंगे और उसे हमारे देश की रक्षा करने के लिए हर वक्त उत्साहित करोगे, बश यही आखिरी उमेद उस वक्त मेरे लिए एक दर्द की सिफरीश बन छुकी थी, ऐसी बात नहीं दे रही है चीज उसे वही चीज मिल्नी चिया और अगर वो लायक नहीं है तो उससे वो चीज डर ही राखो तो बेहतर है, पर किशी ने ये भी कहा की हम जिशे चीज की पीचे पूरी शिद्दत से वो भी भागते हैं भी हम देखना पसंद नहीं करते हैं खीर कर वही चीज हमारे नसीब में लकी होती है। और भी हुआ जो मैंने सोचा, लगभग 17 साल बाद मेरे मखमल की कम्बल और मेरी उम्मेद उशी मिट्टी में मिल चुकी थी जिस्की धूल में, मैंने वो चीज भी खो दी जिनसे में बहुत प्यार करता था, और जो मैं वो मैं हूं 17 सालो में जी थी, दोस्तो के साथ गुमना, वीरन शि मंजिल और हाथों में बियर की बोतल, और बहुत सारी ऐसी यादें थीं जो उनसे जुडी थी, और सयाद कहीं न कभी वो स्नेह भी उस एक निर्देश से भी फ्रीडम फाइटर अकादमी में शामिल हों किया, कहते हैं जब जिंदगी एक ही ट्रैक पर चलती रहे ना तो उस वक्त हम कभी अपने कम्फर्ट जोन सेह बहार निकलाना ही कहते हैं, प्रति अगर उशी वक्त ट्रैक की थोड़ी हो गई है तो फिर क्या है हमारी किस्मत भी उस हम छोडकर किशी और की साथ चली जाती है,अब किस्मत कहु, ये मेरी तकदीर, ये कुछ और, प्रति सच्चा तो यही है जो आप सब के सामने है। में कहता तो सयाद भाग सकता था, उनसे डर भी जा सकता, पर ना तो दिल की फिरत ने उस वक्त मुझे रुकने की कोषिश और न ही दिमाग ने, प्रति मन की बात उस वक्त उनसे

भी कहीं नहीं थी मुझे पर श वक्त जब मैंने पीछे से मर कर एक बार फिर से देखा तो मेरी मंजिल भी उस वक्त वीरान थी वो मुशफिर जिस के साथ होकर में खुदको महफूज महफूज करता था हीब में शामिल हों यह बदल गया है देखते हैं, पर हमसे पहले कुछ जहीर करना चाहता हूं, वो कहते हैं न जब हम किशी मंजिल को तय करते हैं तो उनकी राहो भी उस वक्त हम क्या समझते हैं। चलना है, उसे उसकी मंजिल तक पौचाना है, ये बातें कफी फिल्मी लग रही होगी ना, पर ना तो ये फिल्मी है और ना ही किशी तरह की सोच, क्यों मैंने इस महसूश किया है, खाने के लिए आपके होते हैं है, फी भी ना तो उश वो अचानक मेरी खामोशी मुसे डर जाने की रिवायत में थी और न ही मेरी तन्हाई, सयाद उस वक्त मेरी मंजिल कमजूर थी, ये सयाद में कामजूर था उन राहो के लिए, मोहब्बत में तब कभी फैसला जली हुई जब में खुद के उनसे में जीत कर भी किशी की नजरों में हर चूका था, मैं तो उसश के बारे में कुछ कहना चाहता और न ही मेरी ऐसी कोई ख्वाश है की में अपने अल्फा ना तो उसमें थी और ना ही मेरी,हो सकता है हम दो गलत न होकर भी उस वक्त एक दुसरे की नजरों में गलत थ, सयाद उमर कच्ची थी उन रिश्तों को निभाने के लिए, अब ऐसी बातें का कोई मतलब नहीं है, और ना ही मेरी कहत एक ऐसी चीज है जीते जगते इंसान को भी कबर की सिफरीश दिला दे, खैर आब एक आइश सफर में हूं जहां में न तो अपने बहुत से ऐसे जुड़े हैं और न ही उसे भविष्य बनाने की जरूरत है हो रही है, क्योंकि इतनी कटी है वो भी एक आइश साक्ष के लिए जो सयाद जरूरी नहीं है अब मेरे लिए, ये सयाद में जरूरत नहीं हूं, तब भी जिंदा हूं, फुरकत अभी भी किशी मंजिल को छोडना कहते हो तो उसे बहुत ही पहले ही तयार हो जाति, और ये बातें उसी एक साक्षी ने मुझसे कही थी जो मेरे साथ होकर भी अब साथ नहीं है।

"

मेरे ख्याल
अधूरे ही
सही

सुमीत कुमार

प्रति बेगाइराट
सच्च है
और मुझे
तुम्हारी
ज़रोरात
नहीं है
क्यूंकि
तुम्हारे इश्क से
भी जरूरी
मेरे सपने हैं.....
"

"मेरी महफिल
भी बदनाम
थी और
मेरी तलब
भी
और
ख़्वाब
तोह कयी
थे एन
आंखें
मे
पर वो इल्म
वो इल्म नहीं थी
उन्हे पूरा करने की......."

3
कहानी का बिखरा हुआ तथ्य

Enter Caption

4 साल बाद, 20 नवंबर

आज लगभग चार साल बाद मैंने अपने दादाजी का सपना पूरा कर ही लिए, जो सपने दादाजी ने देखे थे आज में उनकी उम्मेद बन कर सामने आया हूं , आज हमारे बटालियन का ये पहला ऑपरेशन हैऔर मुझे

बिलकुल नहीं पता की आज क्या होने वाला है, कॉफी उत्तेजित महसूश कर रहा हूं, क्यों चार साल जो कठोर परिश्रम की थी आज उसका परिणम आने वाला है, हमारे एक जासूस ने हम ये खबर दी की कुछ अतंकवादियो ने ठाणे में स्पॉट बनाया है वो भी हमारे लिए, हम उनकी फ़िदरत से बिलकुल अंजान है, और वो भी हमारी फ़िदरत सेह बेहद अंजान है, में भले ही अपनी बटालियन का सिर हूं,

इसीलिए हर बार खुद की जान दाऊ पर सबसे आगे रक्ता हुं । और मैंने तो ये थान लिया है कि आज दुश्मन के घर में बैठ कर ही नाश्ता करेगे, पूरी रात मेरे फौजी भाई अपने परिवार की फ़िक्र छोडकर अपने देश को बचाने के लिए हर एक खुशी को छोड कर वो उनके परिवार से अलग है क्योंकि हमारे भाई बहन चेन की सास ले, और अतंकवादियो की खतिर में तो हम है ही और उन्की नानी जो याद दिलानी जो वो भूल चुके हैं ,और उनकी मौत ही हमारे देश के लिए समारोह की सौगत होगी, मैंने केई सारी भाषाएं सीखी है, और जिशे लहजे में अपनी खैरात में पत्र लिख रहा हूं वो हम उर्दू की पहचान है...

क्यों मैं भी एक फौजी बन जाऊंगा, घर को छोड़ दूंगा चार साल हो गया क्या की नहीं, और घर कब लौटेगा, तेरे पापा तो अब बिलकुल खामोश हो चुके हैं, और तेरी याद हम सबको बेहद सता रही है, तेतेरे वो कामरे तो हम काटने को दौर रहे हैं वो भी? मैंने भी मा सेह ये बात साफ कहदी की मा तेरे बेटा जब भी आएगा, ये तो देश का कार्तव्य पूरा कर के आएगा, नहीं तो चार कंधो पर अपने साथियो की सौगत में लिपट कर आयेगा, मा उष वक्त भी ये कहती की अगर तुन्ने ऐसी बात कही तो जगह, ये कहती की आगर तुने ऐशी बातें फिर से की तो भूल जाना की तेरी कोई मा भी है, क्या कहू कुछ नहीं पता पर याद कफी आ रही वो लखनऊ की सदके, गालियों की और अमीन चाचा के गरम पकौड़े थी, और पता है वो मुझसे हर वक्त यही बोलती है की तू जब भी आयेगा मैं तुझे ईश बार जाने नहीं दूंगा.......

भले ही ये हमारा पहला ऑपरेशन, पर अखिरी कभी नहीं होगा ये में जनता था,और मैंने अपने बटालियन से ये वादा भी किया की अगर कबर की मोहब्बत मिले भी तो उसे अपनी चाहत मैट बनाना, क्यों ना तो

हमारी बेइगरत मशुका है, और ना ही हमारी पहली मोहब्बत, अगर आज ईश जंग को हार गया तो मां की ममता भी हार जाता

किशी जंग की सुररात न तो धर्म से होती है और ना ही दौलत सेहवो होती है तो सिरफ एक इरशिया सेह जिश लालाच कहते हैं,और मेरी भारत मा के लिए मेरी जिंदगी कुछ भी नहीं पर मेरे भाई बहनो को मैंने महफूज रखने की कसम खाई है इशलीये ये जंग कभी नहीं हार सकते हैं। हम सब उस वक्त पेहरा ही दे रहे थे की वही वक्त एक घर से चिल्लाने की आवाज आती है, मैंने अपने बटालियन को तुरंत तुरंत बोला वो भी कोड पैंथर से की सावधान हो जाओ, और नास्ते के लिए भी, क्यूं नहीं करोगे ,सबने बश इतना बोला करेगे सर वो भी भर पेट ,उन्हे इतना बोला, की कितने आदमी जाएंगे उस

तरफ के गब्बर, फिर मेरे बटालियन ने बोला की सर आज तो पूरे बारात को हीकब्रस्तान की हवा देंगे, उसके बाद लगाभाग 10 मिनट में ही हमारे फौजी भाई उन्के बंदे मार गिराये, उन्कि उन्हीं तरफ सेह हमने उनके पास से लगभाग 60 किग्रा आरडीएक्स बारामद किए, और उनमे से जो बच गए थे, उन्हे हमने बंधी बना लिया, पर हमारे बटालियन के बंदे थोडे सांकी थे, इशलीए उन्होन मुझसे ये कहा की पेट आब भी खाली है सर नास्ते के बाद भी लगता है हम अच्छे से खाने की, क्या करे सर? फिर क्या था मैंने भी मैंने भी कहा अपना भुक मीता लो, उसके बाद लगटार फायरिंग हुई, और जितने भी आंतकबादी बचे थे वो सब मारे गए, ईश संचालन में लगभाग 30 आंतकबादी मारे साथ में नुसरथ उडिन का सिर भी गया था। में जनता था की अगर हमने इनहे आज छोड़ दिया तो ये फ़िर ये कयी मासूम की जान लेगे,

इशिलये मैंने उन्हे हिस्से में उनकी आजादी दे जो हमारे देश पर कब्जा करने आए ,

वो आंतकवादी हवनियत के जीते जगते सबूत है,इशिलय हमने उन भेजे में पंज आठ गोलियां उनके भेजे में उतर दी, प्रति उस वक्त ऊपर से ये ऑर्डर बिलकुल नहीं थे, फिर भी मैं उन्हे जिंदा

बिलकुल नहीं छोड़ सकता था। ये मेरा पहला ऑपरेशन था और मेरे बटालियन की भी मेरे बटालियन में काम से काम 300 बंदे थे,

और वो सब एक जैसा है बिलकुल सिरफिरे और बहादुर भी, और मुझे इश बात पर गर्व है।

"बैगैरट
उश कमर
की चाहत तुम्हे
ही मुबारक हो
हो
हम तो आज
भी अपनी
भारत
मा को
महफूज
रखने के
लिये
मार्ने कि
कस्मे
खाते
है।
"

ईश ऑपरेशन के बाद लगभग चार और आठ महीने बाद में आने घर लौट रहा हूं, मेरी कहत तो नहीं में ईश मिट्टी को छड़कर कहीं और जाऊं, पर क्या करू माश कफी जिद कर रही हूं, यह मिली है, जिश सेहर की गलियां में चार सालो में भूल चुका सयाद आब वो मुझे पुकार रही है, तयर बिलकुल नहीं हूं उन सेहरो के देखने के लिए जो मुझसे बहुत मोहब्बत करता है, क्यों की मेरे लिए वो सेहर उसकी यादें और आपके मा बाप को छोड़ कर आया था, सयाद उसी एक हदसे के लिए उनकी नरजगी लाजमी है, मुझे पता मां को हर बार की तरह इश बार भी कुछ भी कुछ नहीं लिए सोने के कंगन लेकर जा रहा हूं, और पापा के लिए एक घडी, और चाचा

के लिए एक रॉयल स्टैग, और रही बात मेरी सबसे प्यारी छोटी की तो उसके लिए के लिए तो मैं पूरी दुकान है।

ही जब चार साल बाद लौट रहा है तो कुछ पुरानी यादें भी तकलीफ दे रही, खैर में उन सोच कर फिर से महरूम नहीं होना चाहता, क्यों इश बार मेरे देश की बात है, और भी मेरे दे रहे हैं।

प्रति कहते हैं जब मंजिल अधूरी हो तो कभी पुराने नहीं होते, कहत इंसान को मर जाती है ये सिर्फ सुना था पर हकीकत सामने है, में लखनऊ जा तो कभी पाचा ही नहीं?

कुछ अधूरी बातों के साथ ये कहानी भी उस साक्षी की अधूरी है, जिश साक्षी की तालीम मौत से हर रोज होकर गुजराती उसकी अभी पूरी कहानी भी बक्की है, सयाद उसकी किस्मत अब जीत गया है।

पर बहुत कौन शी नई मंजिल मुझे मिल गई थी, जिस मंजिल की तरफ में के में बेहद करीब था वही मुझसे दूर चली गई, कही ये उस हादसे की तालीम तो नहीं जो आज कल बेहद मसूर अली है हमारी भी जाते हैं, मैं लखनऊ क्यों नहीं पौचा इसके पीछे उस हादसे की रिवायत छुपी है जो कभी किशी ने नहीं सोचा था,

प्रति सयाद ईश हदसे की कहत मेरे मौत की सिफरीश भी हो सकती है और मेरे जीने की खविश भी।

कुछ कहानियां ऐशी भी होती है जिन्के किरेदार भले ही पुराने न हो पर वक्त के साथ उनकी फिरत भी लाजव होती है, मैंने कुछ भी नहीं खोया, रास्ते जब आशा हो ना तो मंजिल और भी मुश्किल है वो आया नहीं, और ख़्वाबों को उड़ान तो वो कोई परिंदा नहीं, मेरी कहानी अधूरी ही सही, पर अभी तक इसमे चुप है इसमे जो वक्त के साथ आने वाले हैं।

"कि

आज कह

कर भी तुझसे

दो बातें

नही

सुमीत कुमार

कर शक्ता
मुहब्बत
मुझे भी
है प्रति तुझे
जाहिर नहीं
कर शक्ता
और अब महरूम
सा हो चुका
हुं तेरे
बिना

फिर भी तुझे
कहने की रिवायत
दुबारा नहीं कर
शक्ता।
"

गर्व का युद्ध

Enter Caption

अपनी कहानी की कुछ लिखावट मैंने अधूरी रहने दी है क्यूंकी कुछ बातें है जो जहां में ही तो बेहतर है अगर वो सामने आ गई तो इंकलाब की जग कहीं ईश न लिख दन इस्की भी गुस्ताकी मेरे मन को परेशान कर रही है में जनता हुं की मैंने जो भी लिखा है वो अपने अखिर वक्त में लिखा है,प्रति एक फौजी की कहानी में अखिर वक्त की दुआ तबी आ जाति है जिश दिन वो अपने देश की सेवा से मुकर जाए ,पर मुझे गर्व है की में कभी नहीं मुकरा,अगर मेरे इश्क की दुआ नाकाम रहे तो मेरी साँस तब भी पैगाम लिख जाएगी पर अगर वो इंकलाब न लिख पाए तो रूह की दुआ मार्ने के बाद भी कभी खुद को एक फौजी नहीं कह सकेगी...

संस्करण 1

संस्करण 1